MELHORE O SEU NEGÓCIO ATRAVÉS DO KAIZEN

Pequenas mudanças, grandes recompensas

MELHORE O SEU NEGÓCIO ATRAVÉS DO KAIZEN

Pequenas mudanças, grandes recompensas

escrito por Antoine Delers
traduzido por Alva Silva

MELHORE O SEU NEGÓCIO ATRAVÉS DO KAIZEN

INFORMAÇÃO CHAVE

- **Nomes:** Kaizen, melhoria contínua, melhoria incremental.

- **Utilizações:** Esta abordagem é utilizada principalmente nos negócios, e visa melhorar a qualidade dos resultados numa linha de produção através de pequenas alterações ao método de trabalho. Pode também ser transferida para a vida quotidiana, uma vez que permite pequenas e baratas melhorias.

- **Por que é bem-sucedido?** Kaizen, que pode envolver todos os serviços e todos os empregados de uma empresa, provou ser eficaz, uma vez que permite aos utilizadores melhorar a produtividade e a qualidade do produto, reduzindo os tempos de espera e otimizando o processo de produção. A uma escala mais alargada, melhora as condições de trabalho na empresa.

- **Palavras-chave:**

  - Melhoria contínua: Este conceito é tornado possível através da utilização de ferramentas e métodos cada vez mais eficientes e mais adequados à atividade da empresa. Estes instrumentos e métodos são constantemente revistos e otimizados, levando a pequenas mudanças e a novas melhores práticas.

- ○ <u>Gestão Lean</u>: Um método de gestão de trabalho japonês que visa reduzir o desperdício (*muda*), a sobrecarga de trabalho causada por processos inadequados (*muri*) e a inconsistência (*mura*) numa empresa.

- ○ <u>Sistema de Produção Toyota</u>: Um método de organização geral do trabalho japonês que visa maximizar a qualidade, reduzir defeitos e desperdícios, e iniciar uma melhoria contínua no negócio. Este tipo de organização do trabalho inclui a produção magra e o Kaizen.

INTRODUÇÃO

Kaizen apareceu pela primeira vez no Japão durante os anos 50, quando um engenheiro, Taiichi Ohno (1912-1990), criou o Sistema de Produção Toyota, um tipo de organização do trabalho baseado na redução de custos juntamente com a melhoria da produtividade e da qualidade do produto. O Sistema de Produção Toyota inclui uma série de ferramentas para atingir objetivos de qualidade, rentabilidade e redução de custos previamente estabelecidos. Estes incluem o fabrico just-in-time e o Kaizen.

DEFINIÇÃO DO MODELO

Kaizen é uma abordagem que envolve uma melhoria contínua que pode ser aplicada a uma linha de produção.

Das palavras japonesas *Kai*, que significa "mudança", e *Zen*, que significa "bom" ou "melhor", Kaizen baseia-se na constante adaptação das ferramentas e procedimentos existentes para melhorar a produção final. Esta abordagem, que requer a participação de todos os empregados e gestores, é considerada mais como um estado de espírito do que como um método real. Abrange várias outras ferramentas que podem ser utilizadas em conjunto, tais como o PDCA, o Total Quality Management e o Single-Minute Exchange ou Die.

O Kaizen teve origem na Ásia e marca uma rutura com o sistema ocidental, no sentido em que visa pequenas melhorias em vez de grandes inovações. As mudanças envolvidas são pequenas e contínuas, e por isso não requerem investimentos substanciais. Esta abordagem é aplicada principalmente em organizações onde existe uma cultura de pertença, que é típica das empresas japonesas. Em tais empresas, todos, desde o CEO até aos trabalhadores comuns, partilham a mesma lealdade e sentimento de pertença à sua empresa. Consequentemente, esforçam-se por realizar o seu trabalho da melhor forma possível e, por conseguinte, melhorá-lo constantemente; este conceito de trabalho contribuiu para o enorme sucesso da empresa Toyota.

TEORIA

ORIGENS

No final da Segunda Guerra Mundial (1939-1945), o Japão ficou devastado e a sua economia estava em ruínas. O seu sistema, anteriormente baseado na conquista territorial e no poder do seu exército, tinha perdido a sua relevância. O Japão decidiu utilizar a produção para reanimar a sua economia.

Um engenheiro na altura, Taiichi Ohno, apresentou então um novo método de organização do trabalho e expôs os seus princípios básicos. Este método ficou conhecido como o Sistema de Produção Toyota, após a empresa onde foi introduzido pela primeira vez. Este sistema é considerado como uma melhoria do Taylorismo e do Fordismo, dois métodos americanos de organização do trabalho que defendem a melhoria e não a inovação.

A originalidade de Kaizen reside no envolvimento geral de toda a empresa, desde os empregados até aos procedimentos necessários para o fabrico dos produtos. Cada membro deve participar na implementação de elementos que visam melhorar a empresa, que foram previamente definidos. O Kaizen envolve frequentemente a capacitação de pequenos grupos de trabalhadores que se reúnem para identificar problemas recorrentes e encontrar soluções para os mesmos.

Também sugere a criação de "caixas de sugestões" (por exemplo, uma caixa de correio colocada na empresa) para permitir que os trabalhadores ofereçam as suas opiniões, destaquem os vários problemas existentes e sugiram soluções. Se uma ideia for considerada relevante, será o tema de um projeto confiado a uma equipa encarregada de implementar as novas práticas.

Finalmente, é preciso lembrar que, como a sua tradução indica, o Kaizen deve ser constantemente repetido para que funcione bem. Não requer grandes investimentos, e produz apenas pequenas melhorias que, quando otimizadas ao longo dos anos, permitem à empresa manter-se competitiva e procurar uma melhoria contínua.

 **O INSTITUTO KAIZEN**

O Instituto Kaizen é uma empresa de consultoria metodológica Kaizen fundada em meados da década de 1980. Ajuda e orienta as empresas que desejam melhorar o seu desempenho. Desta forma, apoia os clientes nos seus projetos de melhoria contínua, ao mesmo tempo que desenvolve e publica recursos sobre novos aspetos do método.

APLICAÇÕES EM NEGÓCIOS

Assim que o Kaizen é aplicado em grupos de trabalho, torna-se um verdadeiro projeto de equipa: são colocadas caixas de sugestões e reuniões semanais, e o método também sugere oferecer recompensas aos empregados que apresentem as melhores ideias. No entanto, é preciso ter em conta que o Kaizen não é um método autónomo, uma vez que deve ser combinado com outras ferramentas para trabalhar.

O Kaizen é utilizado para:

* **Gestão da qualidade.** O objetivo é concentrar-se na melhoria da qualidade da linha de produção, o que é essencial para se manter à frente dos concorrentes e fidelizar os clientes. Na Gestão da Qualidade Total (TQM), utilizada pela abordagem Kaizen, todos os empregados estão envolvidos de modo a alcançar uma qualidade próxima da perfeita, conhecida como zero defeitos. Procura melhorar continuamente os resultados, mesmo que a ferramenta original já seja eficaz.

 ## O QUE É O MÉTODO DE ZERO DEFEITOS?

O método do zero defeitos advoga a qualidade total dos produtos, sem defeitos. Na realidade, o zero defeitos nunca é completamente alcançável. O verdadeiro objetivo é desenvolver uma cultura onde os empregados estejam constantemente à procura de uma forma de se aproximarem da perfeição. Este conceito é, em si mesmo, parte de algo mais amplo: os 5 zeros, nomeadamente zero tempo, zero papel, zero stock, zero defeitos e zero falhas.

- **Melhorar a produtividade.** O Kaizen pode igualmente ser aplicado ao nível do aumento da produtividade. Uma cadeia de produção pode incluir bloqueios em vários locais, posições improdutivas ou linhas de produção demasiado lentas. Várias ferramentas podem ser utilizadas em tais casos. O SMED (Single-Minute Exchange of Die), derivado do Sistema de Produção Toyota, é uma delas: procura reduzir o tempo gasto a alterar a calibração e as ferramentas para o fabrico de outro produto. Isto resulta numa abordagem Kaizen, uma vez que a melhoria da produtividade implica uma reflexão profunda partilhada nas equipas, a fim de analisar e racionalizar operações deste tipo. Outra ferramenta, denominada fabrico just-in-time (JIT), pode também ser utilizada. Com este método, cada produto inacabado deve ser completado e cada peça deve chegar no momento certo e no ponto certo da linha de produção. Isto evita paragens de produção em caso de ausência de peças e evita deixar grandes quantidades de peças à espera de fabrico.

- **Melhoria das condições de trabalho.** Kaizen permite melhorar as condições de trabalho dos trabalhadores e empregados, em particular através da otimização do seu ambiente profissional. Está intimamente ligado às aplicações anteriores, porque as mudanças nos postos de trabalho influenciam frequentemente – e melhoram – a produtividade e a qualidade. Além disso, esta abordagem permite que as empresas motivem melhor as suas equipas e reduzam o risco de acidentes. O método 5S aborda esta preocupação, uma vez que pode ser aplicado diretamente nos locais de trabalho dos trabalhadores: *Seiri* ("sort"), *Seiton* ("set in order"), *Seisou* ("shine"), *Seiketsu* ("standardise") e *Shitsuke* ("sustain").

• **Redução de custos.** A última aplicação do Kaizen diz respeito à redução dos custos de fabrico. É o resultado das melhorias alcançadas graças a uma das três aplicações do método acima mencionadas.

VANTAGENS

O Kaizen tem muitas vantagens. Para além das anteriormente mencionadas que constituem a essência da abordagem Kaizen, nomeadamente melhorias na qualidade, produtividade e condições de trabalho, o método tem também outros pontos fortes.

• A utilização do Kaizen permite a implementação sem problemas de mudanças dentro das equipas. Os membros de uma empresa não são colocados sob pressão excessiva relacionada com mudanças, uma vez que a iniciativa para estas alterações provém principalmente dos próprios trabalhadores. Por conseguinte, são mais facilmente aceites e os trabalhadores, sentindo-se valorizados, estão mais motivados para os pôr em prática.

• As melhorias nos postos de trabalho aumentam a motivação das equipas envolvidas. Esta nova explosão de entusiasmo pode ser transmitida graças a uma nova sessão de reflexão de melhoria Kaizen. Kaizen implica uma melhoria "contínua", o que requer que as reflexões para aperfeiçoar processos e produtos sejam realizadas todos os dias.

- O Kaizen fornece resultados rápidos. As equipas, que testam diretamente as pequenas melhorias, verificam a sua relevância mais rapidamente, de modo que o risco envolvido na implementação de uma nova máquina ou novo software seja muito baixo.

- Finalmente, Kaizen pode responder à concorrência e, portanto, à procura de competitividade nas empresas, tudo isto sem utilizar recursos significativos ou grandes investimentos.

> *"Melhorar é mudar; ser perfeito é mudar frequentemente". (Winston Churchill)*

APLICAÇÃO PRÁTICA

Coletivamente conhecido como "projeto Kaizen", as várias fases de implementação do processo são possíveis graças à utilização de ferramentas relacionadas com o Kaizen e provenientes do Sistema de Produção Toyota (TPS). Embora a maioria delas já tenha sido mencionada, outras contribuirão para a criação do projeto a seguir descrito.

Um projeto Kaizen é um ciclo único e muito curto de melhoria que deve ser repetido continuamente uma vez concluído. A duração pode variar de vários dias a um mês de trabalho, dependendo da complexidade das melhorias e implementações desejadas. Por esta razão, cada projeto deve seguir rapidamente outro, sendo possível que mais do que um se realize ao mesmo tempo.

ETAPA 1: ANÁLISE PRELIMINAR

Nesta primeira fase, é efetuada uma análise preliminar da situação, com o objetivo de destacar os pontos a melhorar. Estes podem, evidentemente, ser um dos problemas acima descritos, mas não se limitam a eles; Kaizen concentra-se na otimização dos procedimentos, mesmo que pareçam estar a funcionar bem, de modo a torná-los ainda mais eficientes. Para identificar as causas que impedem os membros da equipa de atingir a qualidade zero defeitos, pode ser apropriado utilizar o diagrama de Ishikawa, como ilustrado abaixo:

Diagrama de Ishikawa

O diagrama Ishikawa, também chamado diagrama de causa e efeito. Os 5 Ms ou o diagrama de espinha de peixe, é uma ferramenta de gestão da qualidade introduzida por Kaoru Ishikawa pouco depois da Segunda Guerra Mundial. Fornece uma representação visual das causas de raiz de um problema em cinco ramos: material, método, Mãe Natureza, máquina e mão-de-obra.

Uma vez identificadas as causas e áreas a melhorar, é necessário completar um levantamento detalhado da situação atual (utilizando medidas, números de referência, etc.) a fim de a comparar com os resultados obtidos após a mudança. É extremamente importante verificar se as melhorias introduzidas nos procedimentos são bem-sucedidas, mesmo que os ganhos por vezes possam ser mínimos. Dependendo do objetivo perseguido, é possível medir o seguinte:

- **A duração de um procedimento.** Neste caso, pode ser o tempo necessário para fabricar um produto ou para entregar um produto ou serviço (por exemplo, uma refeição num restaurante) que é estudado.

- **Quantidades produzidas.** O foco aqui é o número de produtos fabricados. Esta medida é calculada em intervalos de tempo bem definidos.

- **Taxas de satisfação.** Quer se trate de empregados no seu trabalho, clientes em relação às suas encomendas ou qualquer outro interveniente no processo, a satisfação é medida antes e depois do projeto Kaizen.

- **Rejeições.** Esta é a taxa de resíduos e o número de produtos descartados (produtos com defeitos de conceção obsoletos ou que foram danificados durante a fase de conceção).

- **Custo.** Aqui é analisado o preço de custo de um produto.

Finalmente, é implementado um plano operacional do projeto Kaizen. Dado o curto intervalo de tempo entre o início e o fim do Kaizen – uma vez que deve ser concluído relativamente depressa – esta atividade pode ser minimizada (em um ou mais departamentos ou linhas de produção). Isto pode ser comparado com os métodos ágeis de desenvolvimento e gestão de projetos, que consistem numa sucessão de ciclos muito curtos que se sucedem a intervalos curtos, e que oferecem um rápido olhar sobre os resultados intermédios. Consequentemente, certas fases do projeto, como a elaboração detalhada do plano Kaizen, podem ser vistas como desnecessárias e demasiado demoradas para serem utilizadas.

ETAPA 2: ESCOLHA DE EQUIPAS DE TRABALHO E CÍRCULOS DE QUALIDADE

A segunda fase do projeto Kaizen visa formar e preparar as equipas que irão trabalhar no projeto. Embora todos os funcionários devam estar pelo menos um pouco envolvidos na melhoria, é essencial nomear uma equipa responsável pelo bom andamento do projeto.

A filosofia Kaizen assume que os empregados que trabalham diretamente na linha de produção e no produto participarão no projeto, uma vez que são os membros mais envolvidos e muitas vezes conhecem melhor os meandros do seu trabalho. Sendo estas as pessoas mais capazes de encontrar ideias de melhoria, alcançarão eficazmente os objetivos do Kaizen, nomeadamente encontrar rapidamente formas de aperfeiçoar o processo a fim de gerar o menor custo possível. Alguns podem preferir utilizar equipas de consultores e engenheiros externos para melhorar a eficiência, mas isso não corresponde de todo à mentalidade Kaizen.

Como tal, uma equipa de projeto é nomeada e formada em gestão de pessoal e gestão de mudanças. A equipa será responsável pela execução bem-sucedida do projeto Kaizen, organizando círculos de qualidade, ou seja, grupos de empregados que se reúnem para uma sessão de brainstorming para apresentar e discutir ideias para melhorar os procedimentos. A este respeito, um mapa mental pode ser utilizado para apresentar as suas ideias e propostas de soluções de uma forma visual e simples.

ETAPA 3: IMPLEMENTAÇÃO E CÁLCULO DE RESULTADOS

A terceira etapa é a implementação do projeto Kaizen. As equipas aplicam diretamente as alterações necessárias para melhorar os procedimentos. Tal como as duas primeiras, esta fase é muito rápida, uma vez que as mudanças envolvidas são muita das vezes pequenas.

Segue-se uma reavaliação das medidas anteriormente reunidas (durante a primeira fase). É importante medir o desenvolvimento e o impacto das mudanças, e possivelmente adaptá-las. Pode ser criado um gráfico de mudanças para comparar facilmente os resultados das mudanças implementadas com o que foi originalmente planeado.

ETAPA 4: FEEDBACK

Uma vez feitas as melhorias, é tempo de receber feedback. A equipa reúne-se novamente e avalia o resultado global com base nos resultados observados. Dois pontos cruciais devem também ser considerados:

- **Recompensas para o melhor empregado.** É importante indicar e felicitar os funcionários que deram as melhores contribuições. A ideia é motivar as equipas a regressar ao ciclo Kaizen, encorajando-as a superarem-se continuamente, tanto para melhorar o seu trabalho como para se sentirem valorizadas a um nível profissional.

- **Gestão da mudança.** A equipa responsável pelo sucesso do projeto deve comunicar e orientar os funcionários para que tenham todos os elementos para que a implementação seja um sucesso.

GESTÃO DE MUDANÇAS

A gestão de mudanças abrange todas as práticas de gestão que permitem o acompanhamento e uma ótima comunicação das mudanças dentro de uma empresa, a todos os níveis da hierarquia. Este apoio é essencial para que todos possam aceitar as novas mudanças. É preciso lembrar que no caso do Kaizen, as próprias equipas participaram nas melhorias; por conseguinte, aceitarão mais facilmente as mudanças.

FERRAMENTAS E MÉTODOS CHAVE NO KAIZEN

Existem muitas ferramentas e métodos que podem ser utilizados com a abordagem Kaizen. Limitar-nos-emos aqui aos que provêm do Sistema de Produção Toyota em geral.

- **SMED** (Single Minute Exchange of Die) é uma ferramenta para analisar alterações na calibração ou ferramentas. Permite aos utilizadores estudar o tempo de troca de ferramentas para cada fase de produção e limitá-lo a um máximo de 10 minutos (o termo 'minuto único' significa 'um período de tempo em minutos constituído por um único dígito', ou seja, entre um e nove minutos). O objetivo é a produção de diferentes produtos ou materiais – com características diferentes, particularmente em termos de tamanho – enquanto se continua a utilizar a mesma máquina que terá, portanto, de ser recalibrada.

- **O método 5S,** que envolve *Seiri* ("sort"), *Seiton* ("set in order"), *Seisou* ("shine"), *Seiketsu* ("standardise") e *Shitsuke* ("sustain"), permite aos utilizadores gerir melhor workshops, espaços de trabalho e pausas de empregados. O objetivo é organizar melhor o espaço profissional para melhorar as condições de trabalho das equipas.

- **Kanban** é um termo japonês que designa uma etiqueta afixada a um lote de peças numa linha de produção que regressa ao seu ponto de partida quando todas as peças são utilizadas. Esta ferramenta é utilizada num fluxo de produção ‹shot›, o que significa que a produção ou está em espera ou reiniciada (‹shot›) uma vez que todas as peças previamente enviadas tenham sido utilizadas graças ao Kanban.

- **O PDCA,** para Plan, Do, Check and Act, é um método cíclico de melhoria da qualidade, como o Kaizen.

- **TQM (Total Quality Management)** é um conceito de gestão de qualidade que visa envolver todos os membros da empresa na procura da qualidade, evitando desperdícios e rejeições a fim de atingir zero defeitos.

- **O TPM (Total Productive Maintenance)** é um método proactivo de gestão de ferramentas de trabalho na linha de produção que encoraja os trabalhadores a antecipar e resolver os seus próprios problemas com as máquinas que utilizam.

- **O fabrico just-in-time (JIT)** é um método de gestão da produção que favorece um sistema de organização em que nenhuma parte (necessária para a produção de um produto futuro) é armazenada antecipadamente. Pelo contrário, cada peça chega ao local de conceção, no local certo e no momento certo, para que possa ser utilizada imediatamente. Esta técnica, que combina particularmente bem com o método Kanban, permite aos utilizadores de reduzir o stock, uma vez que a produção só começa quando existe procura.

- **Os 5 zeros** é um conceito de gestão de qualidade desenvolvido pela Toyota. Defende a qualidade total numa linha de produção (zero tempo, zero papel, zero stock, zero falhas e zero defeitos).

RECOMENDAÇÕES

- Como este é um processo contínuo, recomenda-se não parar depois das primeiras mudanças serem feitas, mas questionar constantemente os procedimentos estabelecidos.

- Uma vez que todos os funcionários devem participar nos projetos de melhoria contínua, a direção deve assegurar-se de que eles estão motivados. Isto depende em particular da cultura da empresa, pelo que os empregados devem ser acompanhados de perto, tanto pelos gestores de linha como pelo departamento de RH.

- Como gestores e equipas de projeto devem assegurar que todos participem e se mantenham motivados, devem ser formados em Kaizen, gestão de equipas, gestão de discussões de grupo e gestão de círculos de qualidade.

- Uma vez que é importante estabelecer objetivos claros e realizáveis, é vital medi-los cuidadosamente antes e depois da mudança.

- Como o objetivo é maximizar os resultados, pode valer a pena envolver trabalhadores com diferentes competências, para que todos enriqueçam as discussões, partilhando os seus próprios conhecimentos.

ESTUDO DE CASO: O DELEITE DE TÓQUIO

O nosso estudo centra-se num restaurante japonês estabelecido no centro da cidade, The Tokyo Delight. É um pequeno negócio familiar, com uma atmosfera pacífica japonesa, que oferece refeições para comer ou levar para fora. O restaurante está aberto há vários anos e não sofre de problemas financeiros significativos, mas tem experienciado algumas dificuldades recorrentes, especialmente nas cozinhas. Alguns assistentes não estão totalmente satisfeitos com o seu trabalho e queixam-se, entre outros, do mau ambiente que ali se vive. Ainda não foram tomadas medidas para resolver este problema, uma vez que os gestores acreditam que todos os restaurantes sofrem com este tipo de problemas. O filho do gerente, que aspira ficar com o restaurante dentro de alguns anos, quer resolver os problemas e melhorar o funcionamento do estabelecimento o mais rapidamente possível.

O Kaizen é perfeitamente adequado a esta situação, uma vez que envolve a correção de alguns pequenos problemas existentes dentro de uma empresa familiar que funciona bem no seu todo.

Etapa 1: Análise preliminar do The Tokyo Delight

Começaremos por analisar os problemas enfrentados pelo estabelecimento. Graças ao diagrama de Ishikawa, os gestores são capazes de identificar as causas e categorizá-las.

Uma vez identificados os principais problemas, o projeto Kaizen pode ser lançado. Os gestores esperam resolver o maior número possível de problemas, com o objetivo de melhorar a satisfação dos empregados, o que tem um impacto na satisfação dos clientes. Por exemplo, a falta de espaço (identificada durante a elaboração do diagrama Ishikawa) causa congestionamento na cozinha, o que por sua vez leva a tempos de espera mais longos para os clientes. A equipa de empregados de mesa é obrigada a jogar durante o tempo de espera dos clientes, o que aumenta regularmente a tensão geral.

O segundo passo consiste em medir, quantitativa e qualitativamente, os problemas atuais, a fim de comparar dados posteriormente. Nem tudo está aqui coberto, uma vez que o problema dos lavatórios entupidos, por exemplo, não pode ser medido.

Finalmente, é produzido um plano operacional para o projeto Kaizen. Aqui é limitado a uma semana:

- **Dia 1:** Análise preliminar, cálculo dos tempos de fornecimento e preparação do menu, inquéritos da satisfação dos clientes e empregados.

- **Dia 2:** Estabelecimento do círculo de qualidade, brainstorming para identificar as principais ideias de melhoramento.

- **Dia 3:** Implementação de melhorias e cálculo dos resultados preliminares.

- **Dia 4:** Implementação de melhorias e cálculo dos resultados.

- **Dia 5:** Fim da implementação de melhorias e cálculo dos resultados finais. Debriefing, recompensa para o melhor empregado e feedback.

Etapa 2: Escolha de equipas de trabalho e círculos de qualidade

A segunda fase envolve a escolha das equipas de trabalho. Normalmente, o restaurante tem apenas os dois gestores, que estão frequentemente ocupados na cozinha, dois ajudantes de cozinha e dois empregados de mesa na sala. Entretanto, o filho do gerente cuida da caixa registadora, das encomendas e das entradas e saídas de caixa. Uma vez que todos estão envolvidos, eles juntam-se para formar um único círculo de qualidade. O jovem ambicioso, tendo iniciado o projeto, treina-se na técnica Kaizen para que o projeto avance bem.

Após uma intensa sessão de brainstorming, a equipa consegue finalmente apresentar um conjunto de medidas para melhorar a situação. Infelizmente, nem todos os problemas são resolvidos; no entanto, são simplesmente adiados para o próximo projeto Kaizen. Abaixo está a lista de soluções propostas, ordenadas com base nas categorias do diagrama de Ishikawa.

Etapa 3: Implementação e cálculo dos resultados

A terceira fase é o núcleo do projeto. Uma vez identificadas as melhorias, tudo o que resta fazer é aplicá-las. Como se trata de pequenas mudanças incrementais, e não de grandes inovações, três dias de implementação serão mais do que suficientes.

A seguir, é tempo de calcular os resultados. A recolha de dados pode demorar vários dias. Para simplificar o processo, é apresentado nesta secção um resumo dos resultados obtidos.

Etapa 4: Debriefing e feedback

Finalmente, The Tokyo Delight pode iniciar a quarta e última fase do seu projeto Kaizen: a fase de debriefing. Os resultados mostram que a satisfação dos empregados aumentou de 30%. Este é um dos principais objetivos da abordagem Kaizen. Os proprietários dos restaurantes tiveram de pôr de lado algumas áreas a melhorar, mas estas serão abordadas mais tarde num outro projeto. Espera-se que este restaurante lance em breve um novo ciclo de melhorias, de modo a melhorar continuamente os seus serviços.

Note, contudo, que neste exemplo, sendo o ciclo de mudança e a margem de melhoria relativamente pequena, não houve necessidade de fornecer orientação e apoio aos trabalhadores. No entanto, é importante felicitar cada um deles e agradecer à equipa pelo seu envolvimento. Como mencionado anteriormente, a motivação resultante é necessária para o sucesso dos futuros ciclos Kaizen.

Conclusão

Como vimos, o Kaizen pode ser aplicado a um exemplo muito simples como aquele que escolhemos. Embora este método possa ser utilizado na maioria das empresas, devemos lembrar que a cultura da empresa contribui grandemente para o sucesso de um projeto Kaizen.

Embora os problemas encontrados fossem bastante gerais e pudessem ter sido resumidos como um único problema global sobre a satisfação dos trabalhadores, o diagrama de Ishikawa permitiu identificar os diferentes elementos do problema. Ao destacar as causas e sobretudo ao apresentá-las claramente, esta etapa proporcionou uma base sólida para trabalhar. A isto acresce a necessidade de acompanhar as fases ao longo do projeto para que este decorra sem problemas. Se vários pontos de melhoria ainda não tiverem sido tratados após o primeiro projeto Kaizen, será possível encontrar soluções adequadas durante um Kaizen subsequente. Por exemplo, no caso da falta de espaço de cozinha no The Tokyo Delight, pode ser uma boa ideia reorganizar o espaço de todos para evitar que os empregados se metam no caminho uns dos outros. O importante é ter em mente que a melhoria deve ser contínua.

LIMITAÇÕES E EXTENSÕES

LIMITAÇÕES E CRÍTICAS

Embora o Kaizen tenha vantagens inegáveis, tem sido objeto de várias críticas. A principal crítica a esta abordagem que promove a melhoria e não a inovação é o facto de não resolver todos os problemas: o aperfeiçoamento constante de um produto tomando como ponto de partida o que já foi feito e alterado não permite que tudo seja corrigido. Por vezes, é necessário começar do zero e redesenhar todo o processo a fim de trabalhar a partir de uma base sólida.

Outras críticas a esta abordagem incluem o seguinte:

- Embora o Kaizen permita melhorias suaves, é importante ter cuidado com as mudanças que são "demasiado suaves". Se uma empresa estiver atrasada em relação aos seus concorrentes em termos dos produtos e serviços que oferece, pequenas melhorias contínuas não serão suficientes para recuperar rapidamente as quotas de mercado. Se um concorrente lança um novo e revolucionário tipo de produto, por exemplo, é provável que seja difícil aplicar o Kaizen a produtos que, na realidade, se tornaram obsoletos, de modo a torná-los novamente competitivos.

- A abordagem requer uma forte motivação e, portanto, a plena participação de todos os envolvidos. No Japão, o conceito de cultura de empresa está muito mais desenvolvido a este respeito, e a relação entre empregados e a gestão é rigorosa e formal. O envolvimento dos empregados é espontâneo, e é por isso que este conceito é bem-sucedido no país. Este princípio nem sempre é aplicável no Ocidente. Se for utilizado, poderá ser necessário um programa de recompensas e incentivos para assegurar o sucesso do projeto Kaizen.

- Finalmente, o Kaizen pode ser desafiado de um ponto de vista ético, se for aplicado de forma injusta. A implementação do Kaizen numa empresa pode, através da melhoria de uma cadeia de produção, aumentar a produtividade e aumentar a competitividade, levar a uma reorganização interna (despedimento de empregados, etc.). Esta é uma partilha injusta dos benefícios do Kaizen. Logicamente, se uma empresa se tornar mais próspera, deverá proporcionar uma melhor segurança de emprego. No entanto, na prática, ocorre frequentemente o contrário: posições que se tornaram inúteis são retiradas, o que leva ao despedimento de trabalhadores ou à sua reafectação a novas posições mais adequadas às suas competências.

MODELOS E EXTENSÕES RELACIONADAS

O Kaizen é frequentemente comparado com dois modelos japoneses: Kaikaku, uma ferramenta baseada na inovação para mudanças radicais, e Hoshin, uma ferramenta de implementação rápida baseada no Kaizen. Mais amplamente, o Kaizen pode também ser discutido juntamente com o Taylorismo e o Fordismo, dois tipos de organização do trabalho.

O conceito Kaikaku

O método Kaikaku, que, tal como o Kaizen, teve origem no Japão, é também utilizado para a melhoria da qualidade. O seu nome, geralmente traduzido como "mudança radical" num processo (muitas vezes em produção para aumentar a eficácia), já não reflete um desejo de melhoria contínua, mas de inovação profunda. Embora as duas filosofias sejam semelhantes (na medida em que ambas se baseiam na melhoria), Kaikaku não é um método contínuo, uma vez que as mudanças são feitas e completadas como parte de um projeto específico e com um objetivo específico em mente.

A abordagem Hoshin

Significando 'gestão de direção', o processo Hoshin é relativamente semelhante ao Kaizen, com a diferença de que é limitado no tempo. Hoshin, também chamado de Blitz Kaizen ("Lightning Kaizen"), baseia-se em mudanças estratégicas muito específicas que são implementadas muito rapidamente. Na maioria dos casos, o objetivo é responder dentro de um prazo limitado a uma concorrência significativa. O sistema difere do Kaizen, em particular em termos de tomada de decisões, o que já não é feito no seio de grupos de funcionários com poder de decisão, mas a nível da gestão.

Taylorismo

O taylorismo é uma organização científica de trabalho originária dos Estados Unidos, na qual os métodos e movimentos dos trabalhadores são estudados e medidos com precisão, a fim de os otimizar. Desenvolvido por Frederick Winslow Taylor no final do século XIX, muito antes de Kaizen ser conceptualizado, o sistema procura aumentar os ganhos através da otimização da produtividade e da melhoria das condições de trabalho dos trabalhadores. Na prática, isto significa que cada trabalhador trabalha em tarefas simples, normalizadas e repetitivas.

Fordismo

Tomando o seu nome do industrial americano Henry Ford (1843-1947), este sistema de organização do trabalho baseia-se nos postulados do Taylorismo e foi aplicado na fábrica da Ford quando esta abriu em 1905. Praticamente abandonado hoje em dia, na altura em que visava a produção em massa de produtos normalizados (como o famoso Modelo T da Ford), resultando em trabalho de linha e consequentemente numa maior produtividade. As condições de trabalho dos empregados da Ford eram sempre duras e difíceis de melhorar; apenas os salários podiam servir de fonte de motivação.

RESUMO

- Kaizen num processo de melhoria contínua introduzido por Taiichi Ohno, um engenheiro japonês que é considerado o pai do Sistema de Produção Toyota. Esta filosofia advoga a gestão da qualidade, a redução de desperdícios e melhorias na produção.

- O método Kaizen pode ser aplicado à maioria das empresas, e permite melhorias rápidas e mínimas num período de tempo relativamente curto, e com um orçamento limitado.

- Uma das condições mais importantes para um projeto Kaizen bem-sucedido é a motivação e participação de todos os trabalhadores no projeto. Os trabalhadores, que estão diretamente envolvidos, devem ser os principais participantes no projeto Kaizen e a procura de soluções adequadas.

- As aplicações do processo nas empresas abrangem as seguintes preocupações:
    - melhoria da qualidade;
    - a eliminação de desperdícios;
    - redução dos custos de produção e manutenção;
    - aumento da produção;
    - melhoria das condições de trabalho.

- Kaizen permite aos utilizadores implementar mudanças limitadas e suaves, o que reduz a pressão sentida pelos trabalhadores. Outras vantagens incluem a rapidez com que as melhorias são aplicadas e os resultados são obtidos. O Kaizen também ajuda a manter a motivação da equipa e a evitar tantos riscos quanto possível (financeiros e técnicos), uma vez que as inovações longas e por vezes incertas são automaticamente eliminadas. Finalmente, um projeto Kaizen bem-sucedido baseia-se mais na participação ativa e na mentalidade positiva dos trabalhadores do que em investimentos financeiros.

- Os críticos da abordagem salientam a falta de inovação nas mudanças, a necessidade de uma forte cultura empresarial e a distribuição, por vezes justa, dos ganhos do Kaizen (aspeto social).

- Kaikaku, que significa "mudança radical", é um conceito que adota a abordagem oposta ao Kaizen. Centra-se em inovações profundas e não em pequenas melhorias.

- Finalmente, o Kaizen é uma abordagem que necessita de outras ferramentas para funcionar. Estas, muitas vezes derivadas do Sistema de Produção Toyota, atuam ao nível da gestão da qualidade, da logística just-in-time, da reorganização dos espaços de trabalho ou da manutenção das máquinas.

LEITURA ADICIONAL

BIBLIOGRAFIA

Agence Nationale pour la Promotion de l'Innovation et de la Recherche au Luxembourg (2008) *Diagramme d'Ishikawa = diagramme cause-effet*. [Online]. [Acedido a 15 de fevereiro de 2017]. Disponível a partir de: <http://www.innovation.public.lu/fr/innover/gestion-innovation/resolution-probleme/diagrammeishikawa-fr.pdf>

Chaoui, K. (2004) *Le concept-clé du zéro défaut en qualité*. Annaba: Universidade Badji Mokhtar.

Charraud, P. (2009) *Le Kaizen du service pièces en concession*. Paris: Télécom ParisTech.

Granger, R. (2016) Les 5S: Seiri, Seiton, Seiso, Seiketsu, Shitsuke. *Gerente GO!* [Online]. [Acedido a 25 de maio de 2015]. Disponível a partir de: <http://www.manager-go.com/management-de-la-qualite/methode-5s.htm>

HenryFord.fr (Sem data) *Toyotisme*. [Online]. [Acedido a 25 de maio de 2015]. Disponível a partir de: <http://www.henryford.fr/fordisme/toyotisme/>

Hohmann, C. (Sem data) Kaizen amélioration continua. *Christian Hohmann*. [Online]. [Acedido a 25 de maio de 2015]. Disponível a partir de: <http://christian.hohmann.free.fr/index.php/lean-entreprise/lean-management/289-kaizen-amelioration-continue>

Hohmann, C. (Sem data) La méthode SMED. *Christian Hohmann*. [Online]. [Acedido a 25 de maio de 2015]. Disponível a partir de: <http://chohmann.free.fr/lean/smed_fr.htm>

Ishikawa, K. (1984) *La gestion de la qualité*. Paris: Dunod.

Kamata, S. (2008) *Toyota, l'usine du désespoir*. Paris: Demopolis.

Liker, J. (2012) *Le modèle Toyota*. Paris: Pearson Education.

Ohno, T. (1990) *L'esprit Toyota*. Paris: Masson.

Ohno, T. e Mito, S. (1992) *Présent et avenir du Toyotisme*. Paris: Masson.

Porter, L. J. e Parker, A. J. (2006) *Total Quality Management. Os Factores Críticos de Sucesso*. Bradford: Centro de Gestão da Universidade de Bradford.

Processus Qualité (Sem data) *L'approche Kaizen*. [Online]. [Acedido a 25 de maio de 2015]. Disponível a partir de: <https://processusqualite.wordpress.com/lapproche-kaizen/>

Régol, O. e Bélanger, R. P. (2003) *Le Kaizen : ses principes et ses conséquences pour les ouvriers et syndicats*. Montreal: Les cahiers du CRISES.

VÍDEOS

Lean = Kaizen + Respeito. (2012) [Vídeo]. Michael Ballé. Institut Lean France. Disponível a partir de: <https://www.youtube.com/watch?v=OfswK6ebrt8>

Lean Services : origines et bénéfices. (2013) [Vídeo]. Marie-Pia Ignace. Institut Lean France. Disponível em: <https://www.youtube.com/watch?v=aRQI9JAl-I4>

IMPROVE YOUR GENERAL KNOWLEDGE
IN THE BLINK OF AN EYE!

www.50minutes.com

A editora assegura a fiabilidade da informação publicada, a qual, no entanto, não poderia assumir a sua responsabilidade.

Mestre ISBN: 9782808065689
Papel ISBN: 9782808065979
Depósito legal: D/2022/12603/126

Desenho digital: Primento,
o parceiro digital dos editores.